Zwischen den Sternen

Bibi Hallas

Zwischen den Sternen

Poetische Texte

Zeichnungen von
Marietheres Konietzny-Beckert

Bibliografische Information der Deutschen Nationalbibliothek:
Die Deutsche Nationalbibliothek verzeichnet diese Publikation in der
Deutschen Nationalbibliografie; detaillierte Daten sind im Internet über
http://dnb.d-nb.de abrufbar.

© 2006 Bibi Hallas
Zeichnungen: Marietheres Konietzny-Beckert
Satz, Umschlagdesign, Herstellung und Verlag: Books on Demand GmbH,
Norderstedt
ISBN-10: 3-8334-5522-5
ISBN-13: 978-3-8334-5522-3

3. Auflage

Inhaltsverzeichnis

Der Füller

Ich habe
einen magischen
Füller.
Ich weiß nicht,
was er schreibt,
ich weiß aber,
was ich denke,
und wir sind
uns einig,
mein Füller
und ich …

Das Nu

Das Nu gibt es kaum,
denn wenn
du das Wort, das Nu,
ausgesprochen hast,
ist es schon wieder
weg.

Doch, in der Liebe
gibt es das Nu.
Da sprichst du
es aber
nicht aus,
denn dann
ist die Liebe schon wieder
weg.

komisch und kosmisch

einerseits wollen wir
gleich sein
und einerseits
sind wir es auch
andererseits wollen wir
unterschiedlich sein
und eigentlich
sind wir das auch
einerseits wollen wir
gleich behandelt
werden
und einerseits
werden wir das auch
andererseits wollen wir
unterschiedlich
behandelt werden
und irgendwie
werden wir
das auch noch

gefühle sprechen für sich

„b cc d ee hh iii l"

analysieren
systematisieren
interpretieren
auseinanderzupfen
auf den kopf stellen
langziehen
breitmachen
wenn du so
mit meinen gedichten
umgehen willst
schenke ich dir
das alphabet
ob du wohl
einen satz daraus
systematisieren kannst?
„ich liebe dich"
– lasse dich nicht im stich …

Meinung über Meinungen

Ins Kino gehen
Bücher lesen
fernsehen
Zeitungen lesen
danach eine eigene
Meinung
dazu bilden
eine eigene
Meinung
zu haben
muß sein
über dieses und jenes
nur
die Frage ist
woher kommen sie
die Richtungen
über die
wir uns eine eigene
Meinung meinen
bilden zu wollen

Als H. C. Andersen

seine Märchen
geschrieben hatte
– Des Kaisers neue Kleider
– Das häßliche Entlein
und viele andere,
wurde er weltbekannt.
Ich frage mich nur:
Was haben die Menschen
daraus gelernt?

Graue Wolken

Ihr,
graue Wolken,
zieht leise, langsam
über´s Land.
Was habt ihr
heute erlebt?
Zuckt ihr
auch
zusammen,
wenn ihr merkt,
wie auf unserer Erde
Niedergangsstimmung
vermittelt wird?
Wie den Leuten
Angst
eingejagt wird?
Oder
zieht ihr leise,
langsam, unbekümmert
über´s Land?

Hymne

Zeit
Termine
Geld
Aktien
Transaktionen
Verschiebungen
Telefonate
Zeitungen mit Berichten
Hunger
Kälte
ein Obdachloser
ein Toter
wegen Kälte
gestorben
wurde im Nachhinein
in den Zeitungen
erwähnt
sogar im TV
sein Verdienst
hat er wenigstens
auch verdient
im Nachhinein
erwähnt zu werden

vielleicht werden
die anderen
Obdachlosen
auch mal erwähnt
wenn sie auch
endlich ins Unendliche
aufgenommen
worden sind
zumindest vielleicht

planetarisch

ich komme mir vor
wie eine kleine ameise
auf diesem
riesen-planeten
dennoch meine ich
alles im griff
zu haben
obwohl
manchmal frage ich mich
wer hat wen
auf diesem unserem
blauen riesen-planeten
im griff?

eigentümlich

ich freue mich
über meine sterne
und über deine
ich bin begeistert
über unseren mond
mich wärmt die sonne
mich pustet kühl
der starke wind
meine lieben
freut euch
über das
was uns allen
und doch noch
niemandem gehört

Ich möchte so gerne

singen lesen tanzen
lachen spielen
mit den Kindern
und mit dir
spazierengehen
mit den Kindern
und mit dir
staubsaugen putzen wischen
im Haus
und im Gehirn
mit Blumen schmücken
im Haus
und im Gehirn
meditieren und nachdenken
alleine sein
zusammen sein
mit den Kindern
und mit dir
im Haus
und im Gehirn

Gleichgewicht

Es gibt
ein haarfeines Gleichgewicht
zwischen
Seelenputz
und Hausputz.
Vergißt du
dein Haus,
wird
mit der Zeit
deine Seele
trüb.
Vergißt du
deine Seele,
wird sie sich
in jedem Fleck
auf der neugeputzten Fläche
kaleidoskopisch
traurig
abspiegeln.

Räumlich

Es sind zu viele Sachen
in meinem Haus.
Sie ziehen meine Kraft,
sie stehlen meine Zeit,
sie nehmen das Echo
meiner Lieder.
Schenkt mir bitte
schöne Blumen
und Liebe,
daß mir noch
Raum
bleibt
für meine
Gedanken.

Aus allen Ecken

Im NORDen ist es kalt
Im SÜDen scheint die Sonne
Zu OSTern, die Freude, die
                Wiederauferstehung
Im WESTern das Spielen

Im NORDen ist es Frühling
Im SÜDen gibt es Schnee
Zu OSTern kommt der Osterhase
Im WESTern – trotz 1000 Schlägen, die
                Wiederauferstehung

Im NORDen ist es Sommer
Im SÜDen ist es unerträglich
Das OSTern ist vorbei
Der WESTern dauert noch

Dual-Qual

Vielleicht
geht es dir auch so ….
Eigentlich
stelle ich die Frage
nicht so gerne.
Vielleicht
bin ich es ja,
die dumm ist.
Ich wage es
aber trotzdem:
Wie macht man denn
die Zahnpastatube
von innen
wieder sauber???

Der Augenblick

Wenn mir
ab und zu
bewußt wird,
daß meine Gedanken
um meine
Vergangenheit
oder um meine
Zukunftspläne
kreisen,
mache ich
meinen Kopf leer
und versuche
zu spüren,
daß
ich
hier
bin
in
diesem
Augenblick ….

Perspektive

Ich wundere mich,
daß ich
meine Haustür
abschließen muß.
Ich wundere mich,
daß ich mir
Sorgen
um meine Kinder
machen muß.
Ich wundere mich,
daß die Menschen
so grausam
einander gegenüber
sein können.
Jetzt habe ich
keine Zeit
zum Schreiben mehr.
Ich muß
die kleine Spinne
nach draußen
bringen,
vor der
meine kleine Tochter
Angst hat.

Schmerzen

Weißt du,
wenn du jemandem
weh tust,
daß du
dir selber
dabei
weh tust?
Das Echo
des Schmerzes
schallt laut
oder auch
leise,
irgendwann,
wenn du
das gar nicht
erwartest,
aber
mit Sicherheit
mit Riesen-
Kraft
zurück.

Vorsicht

Das erste Mal
tut´s weh,
wenn du
was Falsches
tust,
wie wenn
ein Pfeil
sich in dein Herz
hineinbohrt.
Das zweite Mal
tut´s auch weh.
Dann dreht sich
der Pfeil.
Ab dann
dreht sich
der Pfeil
jedes Mal,
wenn du
was Falsches
tust.

Und die Wunde
wird immer größer.
Zum Schluß
ist das Loch
in deinem Herzen
so groß,
daß es
nicht mehr
weh tut.

Zu spät

Schon damals,
als Eva
vom Apfel der Schlange
abgebissen hat,
hätte ich sie
– an Seiner Stelle –
ganz schnell
und diskret
steril gemacht …

Ohne Gewalt

Wenn du
keine Worte
mehr hast,
mußt du
dich fragen,
wem du
was
aufzwängen willst,
und
warum
du
Gewalt einsetzt?

Mein Wille geschehe!

Ihr könnt
unseren Willen
nicht ändern,
aber
ihr könnt
euren eigenen
Willen
mit Gewalt
durchsetzen.
Nur,
das ändert
nicht viel.

Fremde

Du wunderst dich,
daß du die Ausländer
nicht
verstehen kannst.
Dabei
verstehst du
nicht mal
deinen Nachbarn,
der die gleiche
Sprache spricht
wie du!

Geschichte

Zwei
Sol-
daten
er-
schießen
zwei
Jungen,
einer läuft,
einer stürzt,
dann sind
beide
tot.
Rechts-
ver-
folgung.
Voll-
streckung.
Nur der
Auftrag-
geber
geht frei
aus.

Vier Mütter
weinen
über
zwei Tote
und
zwei Jungen,
die nur
ihre Pflicht
getan
haben.

Die Mauer

Mauer fällt
Freude
Tränen
Hoffnung
Zukunftsperspektive
Zusammenhalt
grenzenlose Freude
Feier
wieder Alltag
Überlegungen
Probleme
Kriminalität
Ausnutzung
Umstellung
Verzicht
Mauer
wieder hoch-
ziehen?
Willst du
wirklich
die Freiheit
dieser Menschen
zu Gunsten
deiner Bequemlichkeit
eintauschen?

Paradox

Jeder
hat sich
über
jeden geflohenen
Ossi
gefreut
bis
sie alle
frei waren …

Wieso?

Fünf Tote
wegen
Fremdenhaß in
Deutschland.
Das
darf
nicht
sein.
Seht ihr denn nicht
– das Leid
in deren Heimat:
Kurdenmorde,
Folteropfer,
und unsere eigene
Vergangenheit
wiegen
schwer
genug!

Solingen, Juni 93

Ihr Übeltäter,
was wollt ihr denn?
Mit solchen Taten
erreicht ihr nur
einen riesigen Bumerangeffekt.
Gegen euch
richten sich
Haß, Abscheu und Wut.
Und der Zusammenhalt
der Betroffenen und der Deutschen
wird verstärkt.

Nur,
ich möchte mich nicht
schämen
wegen eurer Untaten.
Wenn ich mich
wegen der Irrtümer
der ganzen Menschheit
schämen sollte,
könnte ich
nie wieder
lachen.

Aber laßt uns
gemeinsam
mit dem Blick in die Zukunft
miteinander versuchen
zu vermeiden,
daß die Übeltäter
doch erreichen,
daß wir uns noch fremder werden.

Gefühllosigkeit

Wie entstehen sie,
diese gefühllosen Menschen,
die mir eigentlich
leid tun?
Kleine Babies
mit vertrauensvollen Augen
und Entdeckungslust
in den Adern.
Kleine
liebesbedürftige Wesen.
Menschen mit Lust
auf das Leben,
voller Neugierde
und Untersuchungsdrang.
Wo haben wir
versagt,
daß aus diesem Wunder
der Erde
nur noch
Destruktion
und Emotionalanalphabetismus
übrig
bleiben können?

Betroffenheit

Es reicht
nicht aus,
daß wir
vor Betroffenheit in
Ohnmacht
fallen!
Wir müssen versuchen
die Verhältnisse
zu verändern,
so daß
das Leben für
alle
lebenswert wird.

Friedensbemühungen

Ärger
Ehe
Erfahrung
Familie
Geduld
Geld
Gesellschaft
Ideen
in dir
Konkurrenz
Länder
Mißverständnisse
Nachbarschaft
Politik
Prestige
Religion
Städte
Versöhnung
Verständnis
Überlegung
Überraschung
Überzeugung

Der Frieden
ist nicht
selbstverständlich.
Dafür mußt
du dich
entscheiden.

Gut und Böse – Hand in Hand

Ich habe immer
an das Gute geglaubt,
dem Frieden vertraut,
bis ich das Prinzip
YIN YANG
kapiert habe:
Es gibt nur
die Gegensätze …
bis ich durch Dethlefsen
erfahren habe,
wer durch und durch
gut ist,
profitiert von den Bösen,
die unter der eigenen Bosheit
leiden.
Irgendwie
macht mich das
verwirrt …

Vielleicht nehmen
die Kriegsgreuel ab,
wenn die Menschheit
immer weniger
glücklich wird …

Vom Teilen

Teilen wir
unsere Probleme,
sind sie
halb so schlimm.
Teilen wir
unsere Freude,
ist sie
doppelt so groß.

Wechselwirkung

Wenn du
mir Liebe
schenkst,
öffnet sich
mein Herz
für dich,
gibt dir
so viele Möglichkeiten,
wie Blätter
auf einem grünen Baum
sind.
Wenn du
für mich
keine Liebe
übrig hast,
ist es genau so.
Nur
dann ist es
Herbst
für den Baum
geworden.

Freiheit

Liebe
ist wie ein kleiner Vogel
in der Hand.
Je fester
du deine Hand
schließt,
um so mehr
sehnt sich
der kleine Vogel
nach seiner Freiheit.

Margeriten

ich liebe dich
du liebst mich
ich liebe dich
du liebst mich nicht
ich liebe dich
du liebst mich
ich liebe dich
du liebst mich nicht
ich liebe dich
du liebst mich
ich liebe dich
du liebst mich nicht
ich liebe dich
du liebst mich
ich liebe dich
nicht
mehr …

Vorsicht!

Verliebt sein
ist ein wunderbares
Gefühl.
Du sitzt auf einer Wolke
und baumelst mit den Beinen.
Du fliegst
zwischen den Sternen
herum.
Du schwebst
über duftende Blumenwiesen.
Nur mußt du aufpassen,
daß du dir nicht
weh tust,
wenn du hinterher
auf dem Hintern
in der Realität
wieder landest …

Lebenserlebnis

Die Ehe
ist kein Spiel,
daß immer nur
gespielt
werden kann.
Sie ist
eine lange,
mühsame
Reise mit
wunderbaren Erlebnissen
und
vielen Fallen,
die du
und ich
vermeiden und
oder überwinden
müssen.
Doch
ein Erlebnis
bleibt sie.

Vom Fliegen

Wenn ich das Fliegen
des Vogels
mit meiner freien Zeit
vereinbaren könnte
würde ich
meine Flügel ausbreiten
und über´s Meer
fliegen
die Wellen von oben
betrachten
die herumlaufenden Köpfe
und sehen wo sie überall
hinlaufen
Ich würde die Wellen
der Kornfelder bewundern
und die Rehe
die wie Gazellen
in eleganten Sprüngen
die Maisfelder
überqueren
Schließlich
würde ich
sanft an deiner Seite
in unserem briefmarkengroßen Garten
landen
und Wasser aus deinem Springbrunnen
trinken

Augenblicke

Wenn du
die Energie deiner Augen
durch meine Augen
weiter
durch meinen ganzen
Körper
schickst,
fühle ich mich
wie ein Eisberg,
der nicht von oben
nach unten
und nicht von unten
nach oben
schmilzt.
Nein,
alles wird gleichzeitig
warm.
Der Eisberg
wird
in eine heiße Quelle
verwandelt.

Fehlende Worte

Ich möchte
so gerne
meine Gefühle
mit Worten
ausdrücken.
Nur
sind meine Gefühle
stärker
als mein ganzer
Wortschatz.

Frei wie die Vögel

Ihr möchtet frei sein
wie die Vögel.
Wie frei
sind denn
eigentlich
die Vögel?
Sie müssen
Futter suchen
den ganzen Tag.
Ihr Gesang hat
einen Zweck.
Sie werden nicht
gefragt,
ob sie noch Junge
haben möchten.
Sie haben aber
keine Probleme damit,
ihre freie Zeit
vernünftig
einzuteilen.

Auf dem Meer

Das Leben
ist wie ein
Boot.
Du mußt es lenken,
sonst reitest du
angenehm
auf den Wellen,
und wenn du
eines Tages
alt bist,
treibst du
bis zum Hals
vom Wasser umklammert
ziellos
mitten auf dem Meer
herum.

Con-Trolle

Indem wir versuchen,
die kleinen Dinge
unseres Körpers
und
unserer Erde
zu kontrollieren,
vergessen wir
die Ganzheit.
Kontrolle hin – Kontrolle her.
Leben hin ….

Leben her!

Wohin und -her

Ich weiß nicht
woher ich komme
Ich weiß nicht
wohin ich gehe
und schon gar nicht warum
Ich frage mich
wie lange ich bleibe
Nur eins weiß ich
Ich bin gekommen
um zu sein
und werde
mit Sicherheit
wieder
wenn die Zeit gekommen ist
fortgehen

Im Traum

Freud hat gesagt,
Nietzsche hat gemeint,
ja selbst Einstein
hat sich eingemischt.
Auf meinen nächtlichen Ausflügen
in die astrale Welt
nehme ich den Kampf auf
mit dir.
Was wann vorbei ist?
Ich zähle rückwärts
bis 0
– ein Kampf nach dem anderen
wird durchlebt,
und ich bin
ich.

Die Seele und ihre Hülle

Es war einmal
eine Seele
die beschloß
auf die Erde
zurückzukehren
es gefiel ihr da
aber doch nicht
weswegen ihre Hülle
erkrankte

man tat alles für sie
damit es ihr
wieder
gut geht
aber je mehr getan wurde
je schlechter
ging es ihr
doch man ließ sie nicht mehr
los

mit Messer und Gabel
mit Nadel und Faden
versetzte man
Teile ihrer Hülle
selbst die Hülle glaubte
zu wissen
das was getan wurde
sei richtig
denn auch sie hatte nicht verstanden
daß von alleine die Hülle heilt
wenn man die Seele sanft poliert

Nicht wahr?

Das Ping-Pong-Spiel
dieses Lebens
ist ein Spiegelbild
des Hin-und-Her´s
deiner Seele.
Nur du –
du alleine
entscheidest
über die nächsten Züge,
die alles
verändern können.

Nur aus Gefühlen bestehend

Eine frei schwebende Seele
ohne begrenzende Zeit
ohne Verlangen des Körpers
ohne Einengung des Hauses
ohne die zwangvolle Gesellschaft
ohne Werbung
eine freie Seele
die sich
wie ein Schmetterling
entpuppen kann
So stelle ich mir
das Paradies vor

Trauer

Immer beschäftigt
war ich,
wenig Zeit
für Dich
habe ich mir
genommen
und Dir
gegeben.
Jetzt sehe ich,
was unwichtig ist,
ist geblieben,
und Du bist
nicht mehr hier.

So tief die Trauer,
doch sie lehrt uns,
die richtige Perspektive
wiederzufinden.
Riesige Probleme
verlieren ihre Bedeutung,
und Menschen,
denen wir
wenig Aufmerksamkeit
geschenkt haben,
nehmen
an Bedeutung
wieder zu.

Tod und Schlaf

Tod und Schlaf
gleichen einander.
Nach jedem Schlaf
ein neuer Tag,
– nach jedem Tod
ein neues Leben.
In meinem jetzigen Leben
gibt es Tage,
an denen ich mich
auf jedes neue Leben
riesig freue.
Es gibt aber auch
Tage,
an denen ich das
als eine Zumutung
empfinde.

Das erfüllte Leben

Laßt mich doch in Ruhe sterben.
Ich bin gekommen,
und ihr habt euch gefreut.
Ich habe gut gelebt,
und ich habe mich gefreut.
Schlechte Zeiten
habe ich auch
durchlebt,
von Problemen gefüllt
und von Trauer
überschattet.
Ich habe geweint,
ich habe gegrübelt,
ich habe gelacht.
Ich habe mein Bestes getan.
Jetzt laßt mich wieder los,
daß ich wieder zurückgehen kann,
in Würde und mit Ruhe,
und denkt daran:
Ich habe gelebt.

Schicksal

Oft wundere ich mich
darüber,
wie andere Menschen
mit ihrem
schweren Schicksal
fertig werden.
Und sie
wundern sich
sicher
über mich.
Vielleicht ist es so,
daß jeder
von uns
gerade für
sein eigenes
Schicksal
erschaffen wurde?

Matruska

Auf de**M** Planeten
in dem L**A**nd
In der S**T**adt
In dem Zimme**R**
von dem Ha**U**s
in dem **S**chönen Bett
mit hübschem **K**leid
von **A**ußen unscheinbar

in der sterblichen Hülle

verbirgt **S**ich
meine Seel**E**, als Gegenstück
zu der kompakt**E**n
kleinen Ho**L**zpuppe
Seel**E** aus Licht

Mikro-Makro-Kosmische Verantwortung

Ich frage mich,
ob das Erdbeben in mir
eine Folge
der Erdbeben der Erde ist
– oder umgekehrt.

Wahre Liebe

Mama,
wenn ich
dich
nicht hätte,
würde ich
in die Welt gehen,
dich zu suchen.

So oder so

Mein Kind
liegt im Sterben.
Es liegt im Krankenhaus,
es schreit
nach mir.
Es sitzt
eine Mutter
in Äthiopien,
sie hält
ihr sterbendes Kind
im Arm.
Das Kind
hat keine Kraft
zu schreien mehr,
doch
die Mama
ist da.

Rein seelisch

Kalt draußen heute, ne´?
Doch, ungemütlich!
Nur nicht hineingucken,
obwohl sie dir
manchmal auch
Wunderbares
verraten kann,
obwohl auch
Schmerzliches
vom tiefsten Grund.
Vergessenes erscheint
wieder
in neuen Kleidern.
Heute schon wieder so warm, ne´?
Doch, unerträglich!
Nur nicht hineinhorchen,
obwohl sie dir
vom tiefsten Grund
Wunderbares
erzählen kann.

Zugegeben,
manchmal tue ich es,
gucke in meine Seele hinein,
höre auf meiner Seele
tiefsten Grund
und habe auch,
gebe ich zu,
so manches
Wunderbare,
Schmerzliche,
Vergessene
im neuen Schein
ergründen dürfen.

Das Märchen

Es war einmal
ein kleines Mädchen.
Sie wollte
so gerne
berühmt sein.
Sie war fleißig,
sie bemühte sich
und war auch
sehr talentiert.
Eines Tages
gelang
es ihr
tatsächlich,
weltberühmt
zu werden.
Und sie war stolz
und glücklich,
bis sie merkte,
daß sie
nirgendwo
Ruhe finden konnte
und,
daß statt Bewunderung
Neid erzeugt wurde.

Und wenn sie nicht
Selbstmord
begangen hat,
lebt sie
immer noch
irgendwo
und überall.

Appell einer Mutter

Ihr trampelt auf meiner Haut
herum,
daß sie ganz spröde wird.
Ihr gießt Säure in meine Augen,
daß ich kaum sehen kann.
Meine Haare zupft ihr aus,
daß ich keinen Schutz mehr habe.
Ich fiebere und zittere,
und es blutet mein Herz.
Auf meine plumpe Art
versuche ich,
euch abzuschütteln
mit meinen Beben,
euch wegzuspülen
mit meiner heißen Asche,
euch auszuhungern,
weil ich bald selbst
keine Kraft mehr habe.
Wie grob muß ich noch werden,
bis ihr kapiert habt,
daß ich es ernst meine?
Ohne mich
gäbe es euch ohnehin nicht,
es grüßt eure
Mutter Erde.

Natürlich …

Ich liebe die Sonne,
ich liebe den Regen,
ich liebe das wechselnde Wetter.
Ich liebe die Blume,
ich liebe den Vogel,
ich liebe das wechselnde Gras.
Ja, ich liebe einfach die Natur.
Nur tut es
mir leid,
daß ich
und du
nicht mehr so einfach sind,
daß die Natur
uns lieben kann.

Herbst

Jetzt liegen sie
stolz da
und saugen sich
voll Wasser
in meiner Schale
die roten die grünen die gelben
die marmorierten und orangenen
Blätter
die sonst
herablassend
als nichtsnutziges
Laub
vom Menschen
des Asphalts und Betons
mit energischen Bewegungen
zusammengefegt werden
würden
um so schnell
wie möglich
von unserer
sauberen Welt
wieder gelöscht
zu werden

Mehr über Meere

Niemand
hat das Tote Meer
umgebracht
Versuch
deswegen nicht
andere Meere
umzubringen
nur damit
eins von denen
deinen Namen trägt

Temperament

Stundenlang
kann ich
am Meer
sitzen.
Mal ist es grau,
mal ist es blau,
mal ist es schaumig weiß.
Mal ist es leise,
mal ist es leicht in Bewegung,
mal ist es brausend.
Genau wie ich …

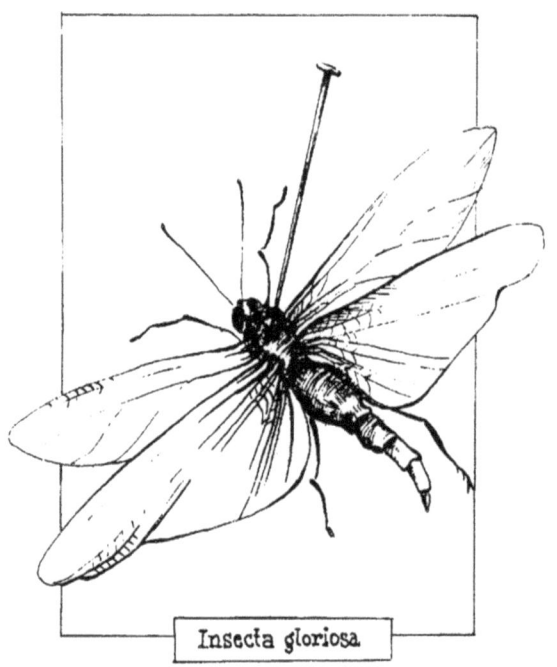

Insecta gloriosa

Anklage

Ich verklage dich
für deine Tat
der Natur gegenüber

du lächelst

du tobst herum

du fängst an
zu tanzen

du tanzt
immer schneller

du tanzt
immer schneller
im Kreise

du tanzt
immer schneller
im Kreise
um das goldene Kalb
herum

Lachen und Freude

Manchmal
höre ich dich
weinen,
wenn du
lachst.
Manchmal
höre ich dich
aber auch
lachen.

Im übertragenen Sinne

Es macht
nichts,
wenn du
ab und zu
stolperst.
Hauptsache,
du bewegst dich.

du darfst leben

du schirmst dich gegen den Regen ab
du schirmst dich gegen die Sonne ab
du schirmst dich gegen das Unglücklich-
sein ab
du schirmst dich gegen das Frohsein ab

du schirmst dich
vom Leben ab …

Vom Glück

nicht hinter den sieben bergen
nicht in dem spiegel
nicht bei deinen freunden
sondern in dir
sollst du es suchen
denn es ist da
bring es mit
auf deinen ausflug
hinter die sieben berge
und zu deinen freunden
denn es verschönt die welt
und du wirst sehen
wenn du in den spiegel guckst
– auch dich und mich

Auf meinem Balkon ....

Ich sitze
auf unserem Balkon
und genieße die
fast südländische
Stimmung,
die Wärme,
den Wein,
die Geräusche.
Sei mal still,
sage ich.
Hör zu!
Es wird
unten auf der Straße
locker Spanisch
gesprochen.
Jetzt
fühle ich mich
wie im Urlaub.

Der Tag ist um

Kommst du auch gleich?
Ich bin müde!
Er legt sich auf die Couch
und verfolgt
jede meiner Bewegungen
mit seinen treuen Augen,
während ich spüle
um Mitternacht.
Die Gäste sind weg,
die Kinder schlafen schon.
Ja, du kleiner Hund,
wir werden gleich
schlafen gehen.

Alles ist dunkel

hier mitten im Wald.
Keine Straßenbeleuchtung.
Nur die geheimnisvollen Sterne
funkeln
hoch über mir,
und der Uhu
erzählt seine Geschichte
in einer Sprache,
die ich
leider nicht
verstehe.
Aber sie gefällt mir
trotzdem …

Es ist noch dunkel

Hörst du auch
das Sausen der Bäume?
Der erste Vogel
singt vergnügt.
Hinter den Dünen
bewegt sich das Meer
im Takt
mit den Kronen
meines Waldes.

Frühaufsteher

Kein Auto fährt
um diese Zeit.
Die Menschen schlafen
ruhig und geborgen,
nur die Vögel zwitschern
lauter denn je
an diesem stillen Morgen,
und die große, rote,
aufgehende Sonne
lächelt der wachwerdenden
Erde zu.
Bleibt nur liegen,
meine Lieben,
ich brauche diese Ruhe,
bei der niemand etwas von mir
erwartet,
außer meinem Hund,
der die Ruhe
mit mir braucht.

Die endgültige Wahrheit

Die meisten Menschen
hören gerne
die Wahrheit,
bis
man ihnen
die Wahrheit
sagt,
die sie
nicht
gerne hören.

Meinungsverschiedenheiten

Ich möchte doch
mit dir
einer Meinung
sein.
Das Problem ist nur,
daß du
nicht
meine Meinung
vertrittst!

Gesetzlich

Das Gesetz
brauchen wir,
weil
die Herzen
der Menschheit
durchlöchert sind
und die Augen vom
Goldenen Kalb
erblindet.

Entwicklung

Da,
wo unsere Gefühle
zu kurz
kommen,
schalten wir
das Gesetz ein,
wenn es um Geld geht.
Gut,
daß es das Gesetz
gibt,
sonst wären wir
noch ärmer
oder
hätten
ein noch
schlechteres Gewissen.

Problemlösung

Wenn du
in einem Sumpf
von
Verwicklungen,
Lügen,
Problemen
sitzt
und keinen Ausweg mehr
findest,
dann versuch es mal
mit der
Wahrheit.

Launisch

Nachdem ich
mit den Schwankungen
meiner Launen
einverstanden bin,
haben sie
bedeutend weniger
geschwankt ....

YIN YANG

Meistens geht es mir
so gut,
daß ich
denken muß,
irgendwann
trifft mich
was Böses.
Dann erschrecke ich mich
so sehr
und mache mir
solche Sorgen,
daß ich
denken muß,
das war's schon.
Jetzt ist
das Gleichgewicht
doch wieder
hergestellt.

yin yang
schin schang
Schale

Einmal,
als ich eine kleine Schale
ein wenig drehen wollte,
konnte ich mich nicht
entscheiden,
ob ich sie
nach rechts
oder
nach links
drehen sollte.
Plötzlich
habe ich sie aber
nach rechts gedreht,
dabei
begriff ich schnell,
daß nur der entferntere Teil
nach rechts ging,
der in meiner Nähe
– nach links.

Tierisch

Im Vergleich
zu den Tieren
können wir Menschen
vieles beherrschen.
Das ist aber
nicht
unbedingt
von Vorteil.

Zweifach zu Hause

Wenn ich nach Dänemark muß,
muß ich nach Hause.
Wenn ich in Dänemark bin
und wieder nach Deutschland muß,
muß ich nach Hause!
Und das ist schön …

Wahl-los

In Dänemark
habe ich kein Wahlrecht,
weil ich
keinen festen
Wohnsitz
habe.
In Deutschland
habe ich kein Wahlrecht,
weil ich
Ausländerin
bin.
Dafür
bin ich nicht
frustriert
und
schäme ich mich
nicht,
wenn ich zur Wahl
nicht wählen kann,
weil ich
ehe nicht weiß,
wo ich
x setzen soll.

Geständnis

Liebe Freunde,
ich lege
sehr viel Wert
auf euch.
Es tut mir
leid,
daß ich euch
vernachlässige.
Das ist nur,
weil
ich auch
so viele Freunde
in meinem Kopf
habe,
die immer
an die Tür
zu meiner Welt
klopfen.
Ich werde
versuchen,
sie zu erziehen,
denn eure Plätze
dürfen sie nicht
besetzen …

Wahre Freundschaft

Ich freue mich,
daß es euch gibt,
obwohl ich öfter
denke:
In mein Bewußtsein
paßt keiner
mehr ´rein.
Ich finde immer
mehr Menschen,
auf die
ich heute
nicht mehr
verzichten würde,
oder sie
finden mich.

Oben und unten

Ich bin so froh,
daß meine Gedanken
Flügel haben,
daß meine Gefühle
schweben können,
und
daß meine Füße
trotzdem
tiefe,
verzweigte Wurzeln
in der Erde haben.